Textos: Álvaro Marcos
Ilustraciones: Álex Herrerías
Diseño y maquetación: Alicia Gómez

© Vegueta Ediciones
Roger de Llúria, 82, principal 1ª
08009 Barcelona
General Bravo, 26
35001 Las Palmas de Gran Canaria
www.veguetaediciones.com

ISBN: 978-84-17137-00-7
Depósito Legal: D 14115-2017

Impreso y encuadernado en España

GENIOS DE LA CIENCIA

ARQUÍMEDES

TODO PRINCIPIO TIENE UN PRINCIPIO

Vegueta  Ediciones

Colección **Unicornio de Papel**

¡HOLA!

Me llamo **Eureka** y soy lo que os inspira.

No podéis verme, pero siempre estoy rondando por vuestras cabezas.

Soy la fuerza con la que de repente echáis mano de todo lo que sabéis para solucionar un problema. Soy esa chispa que se os enciende justo antes de resolver un ejercicio de matemáticas, de hacer un dibujo fantástico o un regate asombroso. Solo tenéis que saber buscarme, porque allí donde estéis, estoy yo también.

A lo largo de la historia, cada vez que alguien ha tenido una idea extraordinaria, allí estuve yo. Cada avance y cada invento han contado con mi pequeña colaboración. Eso sí, soy muy de aparecer cuando estáis trabajando… aunque a veces, como veréis, también me divierte mucho cogeros por sorpresa.

En las páginas siguientes os voy a contar la historia de **Arquímedes**, un gran matemático de la antigua Grecia que hizo grandes descubrimientos e ideó ingeniosos inventos. Además, fue la primera persona que pronunció mi nombre, ¡Eureka!, lo cual es un detalle que le agradezco. Enseguida os cuento cómo sucedió…

ITALIA

ROMA

TARENTUM

REGHIUM

SICILIA

SIRACUSA

GR

PERGAMUM

EPHESUS

MILETUS

ASIA

ATHENAE

PARTA

La historia de Arquímedes es una de mis favoritas y os recomiendo leerla muy a gusto en la bañera. Ya veréis por qué…

Comienza en Siracusa, una ciudad portuaria de la isla de Sicilia, que hoy pertenece a Italia. Pero para conocer a nuestro personaje tenemos que viajar en el tiempo la friolera de 24 siglos. ¿Todo el mundo preparado? ¡Allá vamos!

Estamos en el año 287 antes de Cristo. En aquel momento, Sicilia pertenecía a la Magna Grecia, que es como se llamaba a los territorios a los que habían llegado los antiguos griegos, tanto en la isla de Sicilia como en el sur de la Península Itálica. Si miráis el mapa, veréis que esa península que hoy es Italia tiene una forma de bota muy graciosa. Pues resulta que los griegos, aunque usaban sandalias y no botas, se habían instalado en la punta de la bota y en esa isla que casi la toca.

Con los griegos, Siracusa se convirtió en uno de los puertos comerciales más grandes del Mediterráneo. En esta ciudad tan bulliciosa fue donde nació Arquímedes.

SIDON

TYRUS

GAZA

YRENE

ALEXANDRIA

El padre de Arquímedes, Fidias, era astrónomo, un estudioso de los planetas y las estrellas, y fue quien le dio sus primeras lecciones de matemáticas. Le enseñó aritmética, es decir, a sumar, restar, multiplicar y dividir; le enseñó geometría, que es la ciencia de las distintas figuras y sus propiedades; y le enseñó también, por supuesto, astronomía. Tened en cuenta, además, que en aquellos tiempos no había iluminación eléctrica y por la noche se veían muchísimas estrellas.

Arquímedes fue desde pequeño un niño muy despierto y muy curioso, aunque también bastante despistado. A veces se quedaba en babia, completamente absorto y pensativo. Tanto se concentraba algunas noches contemplando los astros del cielo, muy quieto con el ceño fruncido, que su padre, que estaba a su lado enseñándole los nombres de las constelaciones, se preguntaba: «Dioses, ¿será miope este niño?».

Pero nada de eso. El pequeño Arquímedes cada día demostraba tener mejor ojo para comprender conceptos matemáticos y dibujarlos en el pergamino o en la arena de la playa, que lo mismo le daba. En cuanto te descuidabas, Arquímedes se ponía a dibujar triángulos, cuadrados y círculos y a trazar rayas con lo primero que encontraba: una pluma de ganso, un palo o su propio dedo.

Tan deprisa aprendía que, siendo ya un muchacho, ni a su padre ni a nadie más en Siracusa le quedaba ya nada por enseñarle. Así que decidieron enviarlo a Egipto, a la ciudad de Alejandría, para que siguiera estudiando en el famoso *Museion*.

Alejandría, ¡casi nada! ¡El ombligo cultural del Mundo Antiguo! En el *Museion* del palacio real alejandrino no solo se reunían los más sabios escribas, poetas y científicos del planeta. También se encontraba allí la famosa Biblioteca de Alejandría, la mayor de su tiempo. En su grandioso laberinto de estanterías se apretujaban miles y miles de pergaminos y papiros. ¡Todos los saberes humanos de la época reunidos en el mismo edificio! Y todo ese conocimiento a disposición de los estudiosos y estudiosas del *Museion*, como Arquímedes. (Por cierto, que las bibliotecas son de los sitios por donde más me gusta aparecer; si vais mucho por alguna, seguro que nos encontraremos, ¡palabra de Eureka!)

Que te admitiesen en el *Museion* era como ser admitido en la mejor universidad del mundo. Así que allí se plantó el joven Arquímedes, después de una travesía en barco en la que, todo sea dicho, el pobre se mareó un poco con el oleaje. Entre eso y lo impresionado que lo tenían el gigantesco faro de la ciudad y sus jardines, casi se le olvida presentarse al director y entregarle unos papiros que traía como regalo de su ciudad para la gran Biblioteca, unos valiosos tratados de Pitágoras, otro genio matemático griego. Al director le hicieron tanta ilusión los tratados pitagóricos que ni se fijó en la mala cara que traía el nuevo alumno.

Pasada la impresión inicial, Arquímedes se integró rápidamente en el *Museion* y se concentró en el estudio de las matemáticas. Pasaba largas horas en la biblioteca, consultando los tratados de geometría de otro gran matemático griego, el gran maestro Euclides. Este había recopilado y resumido los descubrimientos de otros sabios anteriores. Así, al ponerse por escrito, los conocimientos se podían compartir para transmitirse de generación en generación, perfeccionándose cada vez más. Y es que el conocimiento, como yo, se parece un poco a la antorcha que se pasan de mano en mano los atletas en los Juegos Olímpicos. ¡Todos podemos coger la antorcha del conocimiento y avanzar un poco más antes de pasarla!

Arquímedes estudiaba con mucho ahínco y los profesores se dieron cuenta pronto de su talento. Pero ojo, no os creáis que todo era madrugar, calcular áreas y discutir teoremas en griego antiguo. En la escuela, Arquímedes también hizo grandes amigos que le durarían toda vida. Sus compañeros más cercanos, eso sí, también eran un poco fanáticos de las matemáticas y la astronomía. Allí conoció, por ejemplo, al astrónomo Conón de Samos, y a Erastóstenes de Cirene, quien con la sola ayuda de un palo y de su ingenio matemático calculó la longitud de la circunferencia de la Tierra. Hoy sabemos que se equivocó por muy poquito. ¡No me extraña que Eratóstenes llegase a ser director de la gran Biblioteca! Imaginaos qué pandilla formidable hacían todos.

Arquímedes vivió casi quince años en Alejandría, aunque cuando tenía vacaciones solía volver a su tierra natal. En uno de esos viajes, el rey de Siracusa, Hierón II, conocedor de la gran reputación que empezaba a tener el joven matemático, le planteó un problema extraordinariamente complicado. Citó a Arquímedes en sus aposentos y le mostró una corona reluciente:

—He mandado hacer una corona de oro puro, pero sospecho que el orfebre se ha quedado parte del oro que le di para fundirla y que, al hacer la corona, ha mezclado el oro restante con otro metal más barato. La cuestión, querido Arquímedes, es que no quiero tener que romperla para comprobarlo, pues a lo mejor me equivoco. ¿Serías capaz de averiguar, sin romperla, si es o no de oro puro?

Arquímedes tragó saliva, porque el problema era, sin duda, terriblemente complicado.

—Dadme un par de días, majestad, y os prometo que daré con la manera —respondió, pensando al mismo tiempo, «¡Por Zeus, en la que me he metido!». Era el momento de poner en práctica todo lo que había aprendido en Alejandría.

Así fue cómo Arquímedes salió de palacio, meditabundo y algo abrumado, cuando decidió ir a tomar un baño para relajarse antes de abordar el problema. En esas estaba cuando, al meterse en la bañera que le habían preparado, que estaba llena a rebosar, le dio por fijarse en el agua que se caía fuera cuando él se metía dentro. (Bueno, más bien le hice yo fijarse, pero sigamos…). Repitió un par de veces la operación, entrando y saliendo de la bañera, ante la mirada desconcertada de los criados, que ya pensaban que habían puesto el agua muy fría o muy caliente, o bien que Arquímedes no se decidía.

—¿Este se baña o no se baña? —le susurraba un criado al otro.

Entonces, de repente, el rostro de Arquímedes se iluminó y soltó una carcajada que se oyó en toda Siracusa. A continuación dio uno de los gritos más famosos de la historia de la ciencia (con el que, de paso, me bautizó a mí):

—¡Eureka, eureka!

Que en griego quiere decir: «¡Lo encontré!». Tal era su alegría, cuentan, que salió disparado del baño con el trasero al aire por las calles de Siracusa al grito de «¡Eureka!».

—Hay que ver cómo los educan ahora en Alejandría —dijo un anciano al verlo pasar.

—Pues va a ser que no se baña —pensó resignado el criado, vaciando la bañera.

El caso es que el matemático resolvió el problema. ¿Cómo? Pues descubriendo el llamado principio de flotabilidad o «Principio de Arquímedes», que dice que «un cuerpo experimenta una presión hacia arriba igual al peso del volumen del agua que desaloja».

¿Qué quiere decir esto? Arquímedes se había dado cuenta de que, cuando se sumerge un objeto, el agua que empuja hacia fuera ocupa tanto como el propio objeto. De ese modo había descubierto una forma indirecta de medir lo que ocupa un objeto, lo que llamamos su *volumen*. Así pues, si pesaba el agua que desbordaba la corona al sumergirla en agua, conocería su volumen. Y si, por otro lado, cogía un bloque de oro puro que pesase lo mismo que la corona y lo sumergía también en agua y este no desbordaba la misma cantidad de agua que la que desbordaba la corona, demostraría que la corona y el bloque de oro puro no estaban hechos exactamente de lo mismo, ya que, pesando lo mismo, sus volúmenes serían diferentes.

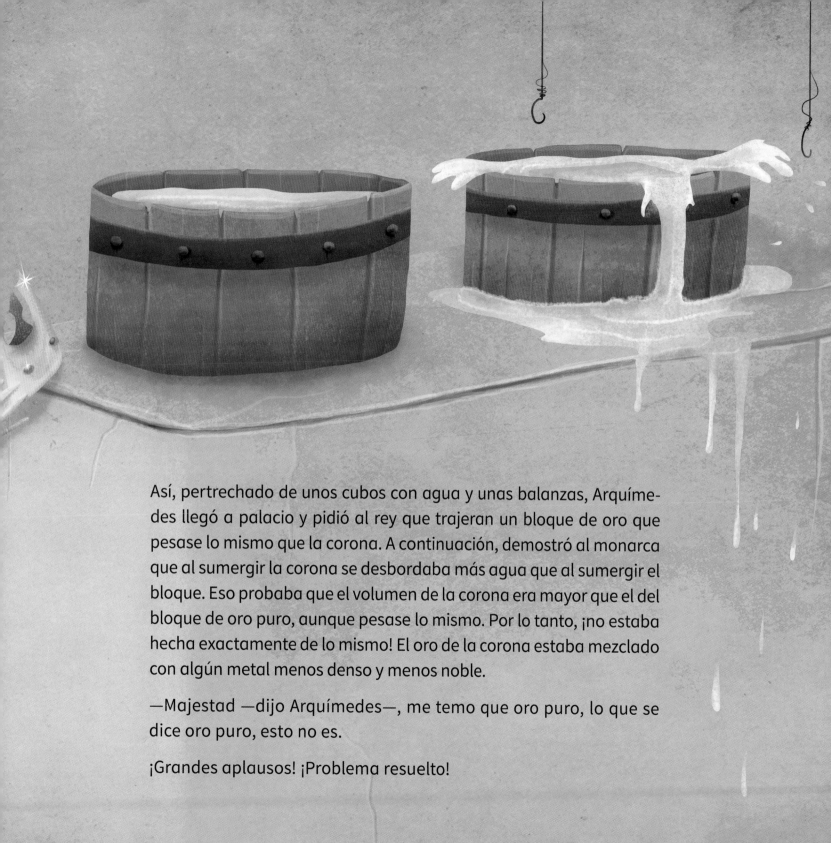

Así, pertrechado de unos cubos con agua y unas balanzas, Arquímedes llegó a palacio y pidió al rey que trajeran un bloque de oro que pesase lo mismo que la corona. A continuación, demostró al monarca que al sumergir la corona se desbordaba más agua que al sumergir el bloque. Eso probaba que el volumen de la corona era mayor que el del bloque de oro puro, aunque pesase lo mismo. Por lo tanto, ¡no estaba hecha exactamente de lo mismo! El oro de la corona estaba mezclado con algún metal menos denso y menos noble.

—Majestad —dijo Arquímedes—, me temo que oro puro, lo que se dice oro puro, esto no es.

¡Grandes aplausos! ¡Problema resuelto!

Después de que Arquímedes resolviera el misterio de la corona, el rey de Siracusa le encargó el diseño del barco más grande jamás conocido, el *Siracusia*. La nave tenía más de cien metros de longitud y capacidad para transportar a casi dos mil pasajeros. Pero no solo eso, la embarcación también incluía a bordo varias torres defensivas, jardines, un gimnasio, un templo dedicado a la diosa Afrodita y, cómo no, ¡una biblioteca! Todo ello construido con lujosos materiales y hasta con un mosaico en el que se narraba la *Ilíada* de Homero, un poema sobre la guerra de Troya que era el *best-seller* griego de la época. Tan grande era el barco, que al final se lo tuvieron que llevar a Alejandría y regalárselo al rey de Egipto, porque se dieron cuenta de que no les cabía en ningún puerto de la isla.

Además, para achicar la gran cantidad de agua que se filtraba dentro de un barco de ese tamaño, Arquímedes utilizó otro gran invento suyo, el «tornillo de Arquímedes». El aparato consistía en un cilindro —un tubo, vaya— con una hélice en su interior, es decir, una especie de tornillo que, al girar con la ayuda de una manivela, transporta el agua verticalmente hacia arriba, casi sin esfuerzo.

Con el paso de los años, Arquímedes realizó también muchas investigaciones sobre el funcionamiento de las palancas y las poleas, y llegó a ser un maestro en la invención de complicados artilugios para utilizar ambos mecanismos con ayuda de cuerdas. De este modo, lograba aprovechar y multiplicar sorprendentemente la energía humana para levantar y transportar grandes pesos. Tanto partido le sacaba Arquímedes a las palancas, que la frase más famosa que se le atribuye es: «Dadme un punto de apoyo y moveré el mundo». Casi nada.

Lo que Arquímedes no sospechaba es que tendría que usar estos hallazgos de nuevo al final de su vida para defender su querida Siracusa, cuando los romanos la atacaron en mitad de la Guerras Púnicas. En esas guerras, Roma se enfrentó a los cartagineses —que venían de Cartago, en el norte de África— por el control del Mediterráneo. Siracusa se había aliado con Cartago y eso los romanos no se lo tomaron nada bien.

Arquímedes, a quien Hierón II —ya sabéis, el rey de Siracusa— había encomendado la defensa de la ciudad, puso a todo el mundo a trabajar. Gracias a sus conocimientos, construyó unas catapultas muy precisas y, además, regulables. Así, cuando los romanos creían que ya habían sobrepasado la línea de fuego, les seguían lloviendo encima más y más pedruscos.

No solo eso, los pocos barcos que se acercaban a la muralla de la ciudad eran recibidos por la «garra de Arquímedes»: una especie de grúa con un gran gancho de metal que, cuando lograba enganchar un trirreme o un quinquerreme (los barcos romanos de tres y cinco filas de remos), lo levantaba en el aire y lo arrojaba de nuevo contra el mar, haciéndolo pedazos. «¡Retirada!», gritaban los romanos. En latín, por supuesto.

¡Casi un año tardaron los romanos en poder entrar en Siracusa! Cuando finalmente lograron tomar la ciudad, el general romano, Marcelo, dio orden de respetar a Arquímedes.

—Por Júpiter, tengo que conocer como sea a ese hombre tan extraordinario —dijo. Sin embargo, cuenta la historia que, cuando un soldado romano entró en la casa de Arquímedes y le ordenó rendirse, el sabio estaba tan absorto en un problema matemático que lo mandó a paseo. El soldado, furioso, lo atravesó con su espada. Arquímedes, antes de morir, dijo: «¡No me toquéis mis círculos!», señalando los que había trazado delicadamente en un cubo de arena para resolver el problema. Era el año 212 antes de Cristo y Siracusa cayó, pero el sabio fue enterrado con gran respeto y en su lápida tallaron un dibujo del descubrimiento del que se sentía más orgulloso: el del cálculo del volumen de la esfera.

A mí me gusta imaginarme ahora a Arquímedes contemplando satisfecho el universo, con todas las respuestas de ese gran crucigrama ya en su mano, escuchando con unos buenos cascos la supermúsica cósmica de la que hablaban los pitagóricos (la sinfonía maravillosa que, decían, tocan los astros del universo), haciendo de director de orquesta y sonriendo con los ojos cerrados.

Sabed que un cráter de la Luna está bautizado en su honor, ¡así que acordaos de Arquímedes cuando, como él, la observéis por la noche!

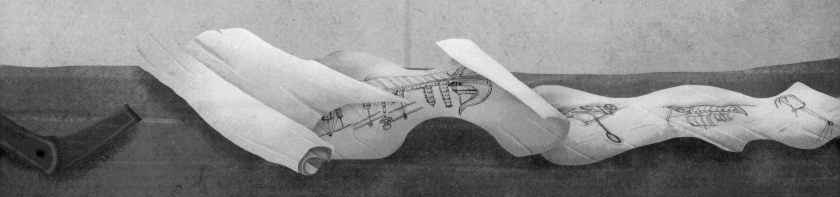

EL PRINCIPIO DE FLOTABILIDAD
¿POR QUÉ FLOTAN LOS BARCOS?

Seguro que os habéis fijado alguna vez en que un objeto pequeño, como una bola de billar, puede pesar más que otro más grande, como un balón de playa hinchable, ¿verdad? ¿Por qué? Esto se debe a que la bola de billar es mucho más densa que el balón: contiene más masa concentrada en el mismo espacio que ocupa el balón, que está lleno de aire, que es muy ligero, y por eso pesa muy poco aunque sea más grande. La bola de billar no flota, pero el balón hinchable, que es menos denso, sí, porque cuando un objeto es menos denso que el agua, la fuerza con la que esta lo empuja hacia arriba (recordad el Principio) es superior a su peso e impide que se hunda.

El truco de los barcos es parecido al de los balones hinchables. Aunque solo veamos esos grandes armatostes de metal, por dentro tienen muchos huecos que están llenos de aire, lo que hace que sean menos densos que el agua. Por eso, cuando el agua entra en un barco y llena esos huecos, el barco deja de ser menos denso que el agua, y se hunde.

EL PRINCPIO DE LA PALANCA

Arquímedes fue también el primero en formular el principio matemático de la palanca.

Una palanca consiste en una barra rígida que oscila sobre un punto de apoyo debido a las dos fuerzas contrarias que actúan sobre ella: la *potencia*, que es la fuerza que hacemos, y la *resistencia*, que es el peso de aquello que queremos mover usando la palanca. Una palanca puede levantar cualquier peso siempre y cuando cuente con un punto de apoyo adecuado. Por eso Arquímedes decía aquello de: «Dadme un punto de apoyo y moveré el mundo». ¡Las palancas tienen cientos de aplicaciones!

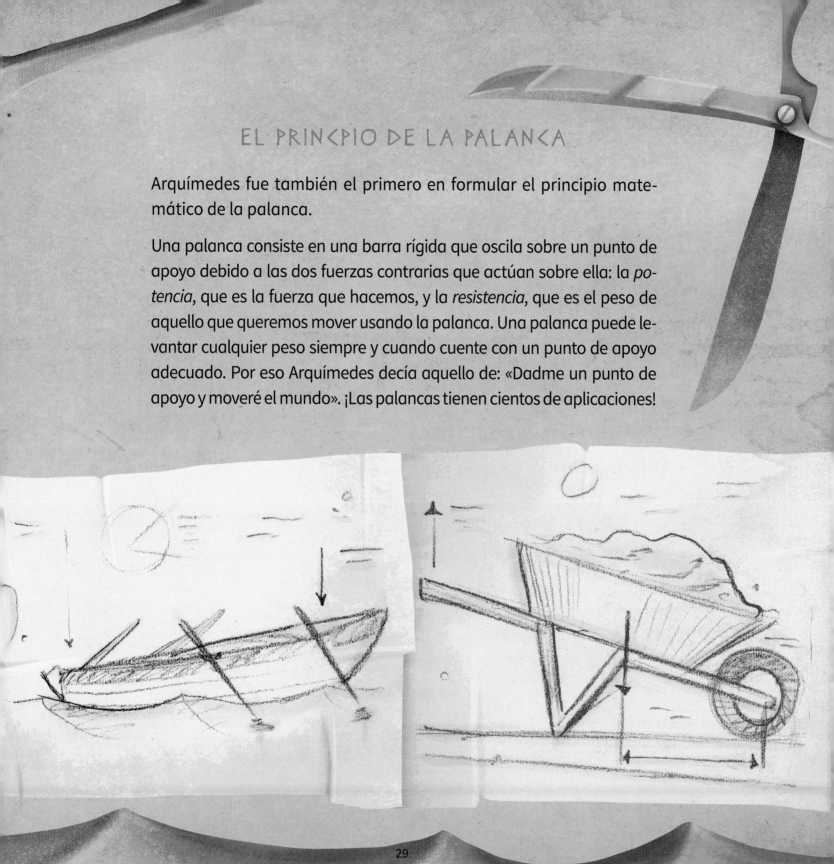

Las Guerras Púnicas fueron tres guerras que duraron más de un siglo (entre el 264 y el 146 antes de Cristo), en las que romanos y cartagineses se enfrentaron por controlar el Mediterráneo occidental.

Los romanos, como sabéis, venían de la Península Itálica, y los cartagineses de Cartago, una ciudad del norte de África. Ambos estados eran más avanzados, por ejemplo, que los pueblos celtíberos que habitaban en esa época la actual España. Y, aunque no eran más avanzados que los griegos, que estaban ya en horas bajas, sí eran más fuertes que ellos militarmente. Así que comenzaron a expandirse cada uno por su lado y no tardaron en chocar.

Arquímedes vivió las dos primeras guerras y falleció durante la segunda, defendiendo heroicamente Siracusa contra el asedio romano, en el año 212 antes de Cristo.

CELTIBERI

× BAECULA

ILIPA

SAGUNTUM

BALEARES

CARTAGO NOVA

GADES

MAURETANIA

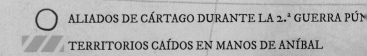

ROMA Y SUS ALIADOS

ALIADOS DE ROMA DURANTE LA 2.ª GUERRA PÚNICA

DOMINIOS CARTAGINESES

ALIADOS DE CÁRTAGO DURANTE LA 2.ª GUERRA PÚN

TERRITORIOS CAÍDOS EN MANOS DE ANÍBAL

En esa Segunda Guerra Púnica, el general de las tropas cartaginesas, Aníbal, atravesó la Península Ibérica y llegó a cruzar los Pirineos con su ejército, ¡y con elefantes incluidos! ¡A punto estuvo de conquistar Roma!

Sin embargo los romanos se habían hecho invencibles en el mar y al final derrotaron a los cartagineses en la Tercera Guerra Púnica. Esta vez fueron los romanos los que se plantaron en Cartago y la arrasaron para siempre.

Roma, que por aquel entonces era todavía una república, se convertiría en un imperio y terminaría por conquistar casi toda Europa y el norte de África.

ALIADOS MACEDONIA

CIUDADES GRIEGAS

CAMPAÑAS ROMANAS

CAMPAÑAS CARTAGINESAS

COLONIAS ROMANAS

LIGURES

GENUA

PLACENTIA

PISAE

ILIRIA

CORSICA

ITALIA

MACEDONIA

ROMA

SARDINIA

CAPUA

TARENTUM

AETOLIA

UTICA

SICILIA

CROTON

NUMIDIA

CARTHAGO

AGRIGENTUM

ACHAEA

ZAMA

ELIS

HADRUMETUM

ANÍBAL

SIRACUSA

MESSENIA

MASSINISSA

SPARTA

EL PROTAGONISTA

Arquímedes de Siracusa nació en la isla de Sicilia, en la actual Italia, en torno al año 287 a. C. Fue un físico, astrónomo, inventor y matemático griego. Era hijo del astrónomo Fidias, quien seguramente le impartió sus primeras lecciones de matemáticas, pero hacia el año 243 a. C. se marchó a estudiar a la Alejandría de los Tolomeos, el gran centro de la cultura helenística de la época. Allí fue discípulo de Conón de Samos y compañero de otro gran matemático, Eratóstenes de Cirene, al que dedicó su *Método*.

En Egipto Arquímedes trabajó como ingeniero y diseñó su primer invento de importancia, la *coclea*, un artefacto que servía para elevar las aguas e irrigar regiones a las que no llegaba el Nilo.

OTROS HITOS Y GENIOS DE LA HISTORIA

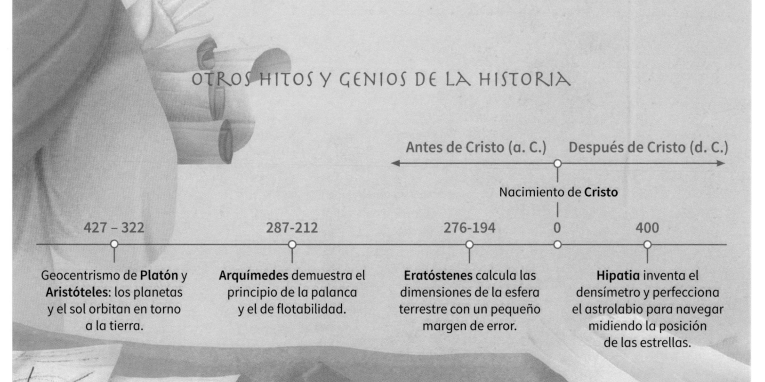

Antes de Cristo (a. C.) — Después de Cristo (d. C.)

Nacimiento de **Cristo**

427 – 322	287-212	276-194	0	400
Geocentrismo de **Platón** y **Aristóteles**: los planetas y el sol orbitan en torno a la tierra.	**Arquímedes** demuestra el principio de la palanca y el de flotabilidad.	**Eratóstenes** calcula las dimensiones de la esfera terrestre con un pequeño margen de error.		**Hipatia** inventa el densímetro y perfecciona el astrolabio para navegar midiendo la posición de las estrellas.

Sin embargo, casi toda su labor como científico la acabaría desarrollando en Siracusa, gracias al favor del tirano Hierón II. Allí alternó inventos mecánicos con estudios de mecánica teórica y matemáticas. Su obra *Sobre los cuerpos flotantes* es uno de los trabajos pioneros de la hidrostática, y contiene el conocido como principio de Arquímedes («todo cuerpo sumergido en un líquido experimenta un empuje hacia arriba igual al peso del volumen de agua que desaloja»), con el que es posible calcular la ley de una aleación.

Arquímedes murió en torno al año 212 a. C., durante la Segunda Guerra Púnica, al hacerse con la ciudad de Siracusa las tropas romanas al mando del general Marco Claudio Marcelo, después de un asedio de dos años.

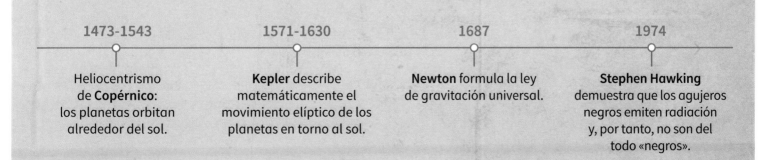

1473-1543	1571-1630	1687	1974
Heliocentrismo de **Copérnico**: los planetas orbitan alrededor del sol.	**Kepler** describe matemáticamente el movimiento elíptico de los planetas en torno al sol.	**Newton** formula la ley de gravitación universal.	**Stephen Hawking** demuestra que los agujeros negros emiten radiación y, por tanto, no son del todo «negros».

LA COLECCIÓN

Con la colección **Unicornio de Papel**, desde Vegueta Ediciones queremos realizar nuestra particular aportación al proyecto universal más apasionante que existe, el de la educación infantil y juvenil. Como una varita mágica, la educación tiene el poder de iluminar sombras y hacer prevalecer la razón, los principios y la solidaridad, impulsando la prosperidad.

Genios de la Ciencia, la serie de biografías de científicos e inventores, pretende aproximar a los niños a aquellos grandes personajes cuyo estudio, disciplina y conocimiento han contribuido al desarrollo y la calidad de vida de nuestra sociedad.

Nuestras publicaciones desean apoyar la labor de creadores, pedagogos y maestros, sin cuyo esfuerzo y generosidad sería imposible el milagro de la transmisión del saber que, como el fuego de una antorcha, debe progresar y acrecentarse cada vez que pasa de una generación a la siguiente. Sin la encomiable entrega de estos profesionales y sin la curiosidad innata de nuestros mayores cómplices —todos los niños y niñas a los que ha picado alguna vez el chinche prodigioso de la lectura—, muy poco de lo que hacemos tendría sentido.

LOS AUTORES

Álvaro Marcos (Vitoria, 1979)

Es filólogo, traductor y humanista de formación y trabaja desde 2005 como traductor, editor y escritor independiente. No solo es autor del presente título de la colección Unicornio de Papel, sino también de *Gutenberg, un inventor impresionante*. Ha escrito además una historia novelada del mito de Atenea, actualmente en prensa, y publica habitualmente crónicas y artículos de crítica cultural en revistas como *El Estado Mental* y *et. al*. Toca en un par de grupos de música madrileños y, aunque lo intenta, nunca le da tiempo a leer todos los libros que querría y se le van acumulando...

Álex Herrerías (México, 1981)

Se licenció en ilustración en la Escuela Nacional de Artes Plásticas de la UNAM. Tras coquetear con diversas disciplinas como por ejemplo la arquitectura, como ilustrador lleva casi una veintena de títulos a sus espaldas. Ha colaborado con numerosas editoriales y publicaciones periódicas y además ha participado en proyectos de animación, entre ellos el de *Primeras grandes lecturas,* para Proyecto 40. Entre los premios que ha obtenido figuran el a! Diseño de ilustración de 2014 y la medalla Behance del Behance Portafolio Reviews de México de 2013. Es beneficiario de la beca FONCA (2017) para jóvenes creadores con el objetivo de realizar su primera novela gráfica.